LE FLUIDE

COMÉDIE EN UN ACTE, EN PROSE

Représentée pour la première fois à Paris, au THÉATRE DU VAUDEVILLE, le 2 juin 1892

Pièce en un acte à TROIS personnages faciles à jouer en société

FORMAT IN-18	Hom.	Fem.	Prix
Une allumette entre deux feux, vaudeville par Honoré (Folies-Dramatiques)........................	1	2	1 50
A quoi rêvent les jeunes gens, comédie par M. de Féraudy et J. Rouché (salle Duprez)..........................	2	1	1 50
Au bord du fossé, comédie par P Bonnetain.........	2	1	1 »
Bamboula, vaudeville par E. Durafour.................	2	1	1 »
La bonne aventure, vaudeville par A. Dellia et C. Le Senne (Théâtre Déjazet)............................	2	1	1 »
Le Chalet, opéra-comique par Scribe et Mélesville, musique d'Adam (Opéra-Comique)..........................	2	1	1 »
Corneille et Richelieu, comédie en vers, par E. Moreau (Comédie-Française)................................	3	»	1 »
Le cousin de Rosette, vaudeville par Chivot et Duru (Folies-Dramatiques)....................	2	1	1 50
Une femme dans mon armoire, vaudeville par A. Corthey (Cluny)..	2	1	1 »
Il ne faut pas dire fontaine...., proverbe par H. Chivot et A. Duru..	2	1	1 »
L'Irrésistible, comédie par O. Gastineau (Vaudeville).......	1	2	1 50
La Licorne, comédie par O. Gastineau (Gymnase)..........	1	2	1 50
Madame a ses brevets, comédie par Albin Valabrègue......	1	2	1 50
Madame Mascarille, comédie par C. de Trogoff et J. G. Duval (Cluny)..	2	1	1 50
Maître et Valets, à-propos en vers, par Bertol-Graivil (Théâtre-Français)..	3	»	1 »
Mam'zelle Réséda, opérette par J. Prével, musique de G. Serpette (Renaissance).....	2	1	1 50
Mon premier début, vaudeville par A. Kuhn (Gymnase).....	2	1	1 50
Une morale au cabaret, proverbe par Honoré (Délassements-Comiques)..	3	»	1 »
Monsieur et Madame Polichinelle, comédie par L. Supersac (Gymnase)..............	2	1	1 50
La nuit des noces de la fille Angot, vaudeville par J. Monréal et Blondeau...................................	2	1	1 »
Un objet d'art, comédie par A. Bouvret (Cluny)..........	2	1	1 »
On demande des domestiques, vaudeville par H. Chivot et A. Duru (Folies-Dramatiques)..........................	3	»	1 50
Où l'amour va-t-il se nicher! vaudeville par E. Durafour.	1	2	1 »
Le pan de robe, comédie par A. Favre (Cluny)............	1	2	1 50
Les papillotes, comédie en vers, par Valade (Odéon).......	2	1	1 50
La Pâquerette, comédie en vers par R. Asse et A. Royer...	2	1	1 50
Parthénice, comédie en vers, par E. Moreau (Théâtre-Français)..	2	1	1 »
Perfide comme l'onde, comédie par O. Gastineau (Vaudeville	»	3	1 50
Les petits péchés de la Grand'maman, vaudeville par Honoré (Folies-Dramatiques).......	»	3	1 50
Pomme d'Api, opérette par L. Halévy et W. Busnach, musique de J. Offenbach (Renaissance)..................	1	2	1 50
Racine à Port-Royal, comédie en vers, par A. de Lassus (Théâtre-Français)..	3	»	1 »
La sœur de Calino, vaudeville par A. Jouhaud (la Scala)..	2	1	1 »
Le temps perdu, comédie par Louis Brioier..................	»	3	»
Le truc du Colonel, pièce par W. Busnach et A. Liorat (Renaissance)..	2	1	1 50
Sous seing privé, comédie par A. Bouvret (Cluny)..........	2	1	1 »

ALFRED GUILLON

LE FLUIDE

COMÉDIE EN UN ACTE, EN PROSE

PARIS
TRESSE & STOCK, EDITEURS
8, 9, 10, 11, galerie du Théâtre-Français
PALAIS-ROYAL

1892

PERSONNAGES

HENRI RATISBONNE.	MM. BERNY
BAPTISTE	COQUET
JULIETTE	Mlle AVRIL

LE FLUIDE

Cabinet de travail très élégant. Porte au fond et à droite. Cheminée à gauche. Table avec livres et cave à liqueurs.

BAPTISTE, un plumeau à la main lisant le titre des livres placés sur la table.

Traité d'hypnotisme... Le magnétisme animal... manière d'endormir les... je crois qu'il est un peu toqué mon maître, il ne rêve plus que magnétisme, hypnotisme comme on dit à présent... il croit qu'il possède du fluide et toute la journée il est là (Lançant du fluide.) Bzing, bzing, bzing... dans le nez des gens qui viennent le voir : « que ressentez-vous ? » On lui répond : « Rien du tout », alors il est furieux et se replonge dans ses lectures... moi je ne me plains pas trop de cette nouvelle lubie-là parce qu'il n'a pas le temps de s'apercevoir que sa fine champagne diminue et que ses cigares s'en vont en fumée... Tiens à propos je n'ai pas pris mon petit verre. (Il se verse un verre de fine.) Je soupçonne de plus mon maître d'être amoureux... pourvu que ça ne soit pas pour le bon motif... car s'il allait se marier... avec une bourgeoise on aurait fini de rire ici. (On entend du bruit.) Sapristi Monsieur qui rentre !

Il avale précipitamment son petit verre en s'étranglant et se met à prendre les brosses dans ses pieds et à cirer le parquet avec frénésie.

HENRI, entrant au fond avec un livre à la main lisant le titre.

L'hypnotisme à l'usage des gens du monde. (Lançant du fluide dans le nez de Baptiste.) Bzing, bzing, bzing... que ressens-tu ?

BAPTISTE.

Rien, Monsieur.

HENRI.

Rien... toujours rien... laisse tes brosses et mets toi-là.

Il lui indique un fauteuil.

BAPTISTE.

Oui, Monsieur.

HENRI, il installe Baptiste dans le fauteuil.

Mets-toi-là commodément... à ton aise... ne sois pas ému de la distance qui nous sépare.

BAPTISTE.

Non, Monsieur.

HENRI.

Es-tu bien?

BAPTISTE.

Je voudrais un coussin derrière la tête.

HENRI, vivement l'empêchant de se lever.

Bien... ne bouge pas... je vais te le donner. (Il lui met un coussin derrière le dos.) Tu es bien comme ça ?

BAPTISTE.

Oui pas trop mal.

HENRI.

Maintenant tu vas dormir.

BAPTISTE, s'installe pour dormir.

J'veux bien... mais alors faites pas de bruit et allez-vous-en.

HENRI, haussant les épaules.

Tais-toi... tu ne sais pas ce que tu dis... tu vas dormir du sommeil magnétique... c'est-à-dire que tu parleras, chanteras, danseras, pleureras à ma volonté. (Prenant un livre sur la table et lisant :) « Prenez les mains du sujet pousse contre pousse... fixez-le avec énergie et dites : « Dormez, je le veux. » Baptiste tes pousses. (Après l'avoir regardé fixement très haut.) « Dormez, je le veux. » (Après un silence.) Tu ne dors pas ? C'est singulier, je fais pourtant exactement comme dans le livre. (Reprenant sa lecture.) « Si le sujet ne dort pas, faites-lui des passes de haut en bas » attends... (Il lui fait des passes devant les yeux.) Dors-tu ?

BAPTISTE.

Non, Monsieur.

HENRI.

Enfin qu'éprouves-tu?

BAPTISTE.

Je commence à avoir mal au cœur.

HENRI, joyeux, vivement.

Ah très bien... très bien... continuons... (Il fait de nouvelles passes.) Dormez, je le veux. (A part.) Je ne sais pas si je dois le tutoyer, dans le livre on ne tutoie pas. (Haut.) Tu commences à dormir?

BAPTISTE.

Non, Monsieur.

HENRI, s'éloignant.

Non?... hé bien, mon garçon, tu peux chercher une place ailleurs... tu ne peux pas me convenir... tu es un mauvais sujet.

BAPTISTE, protestant.

Moi, un mauvais sujet. (Pleurant.) Si on peut dire... un mauvais sujet...

HENRI.

Je te dis qu'il me faut pour mes expériences un sujet qui s'endort... ah, si tu t'endormais, je doublerais tes gages, je te dorloterais, je te...

BAPTISTE.

Comment, si je m'endormais vous doubleriez mes gages... mais alors, je crois que je peux dormir.

HENRI.

Non... tu es une nature trop épaisse, trop vulgaire... tu n'es pas assez nerveux... mon garçon, je vais te faire ton compte.

BAPTISTE.

Monsieur, je vous promets, je crois que je peux dormir maintenant... vous savez quand j'ai eu mal au cœur, hé bien, j'étais sur le point de m'endormir.

HENRI, avec doute.

Tu crois?... allons... je veux bien... essayons encore d'une autre façon. (Il lui met la main droite sur le front, la gauche dans le dos et le regarde avec des yeux furibonds, très haut.) « Dormez, je le veux. »

Baptiste ferme les yeux.

BAPTISTE, debout, les yeux fermés.

Ça y est, Monsieur, je dors.

HENRI.

Bien vrai... tu ne me trompes pas ?... Nous allons faire du reste l'épreuve du feu.

BAPTISTE, effrayé entr'ouvrant les yeux, à part.

Qu'est-ce qu'il veut faire ?

HENRI, prenant une paire de pincettes. Haut.

Voilà une barre de fer rouge... je vais l'appuyer sur ton front.

BAPTISTE, entr'ouvrant les yeux. A part.

C'est une paire de pincette, et il n'y a pas de feu. (Haut, imitant l'effroi.) Non... grâce je ne veux pas.

Henri lui posant les pincettes sur le front.

BAPTISTE.

Oh ça me brûle... c'est affreux !

HENRI.

Très bien... l'épreuve est convaincante. (Haut.) Non ça ne te brûle plus maintenant... tu es dans un état très agréable... réponds, tu ne souffres plus ?

BAPTISTE, prenant un air heureux.

Non, plus du tout.

HENRI, *lui étend les bras horizontalement en lui faisant des passes tout le long et lui ouvre la bouche.*

Mets tes bras raides... ouvre la bouche... et reste comme ça deux heures.

Il lui lance du fluide dans la bouche.

BAPTISTE, *à part.*

Deux heures... ah mais non.

Il ouvre la bouche et tient ses bras raides.

HENRI, *joyeux.*

Ah enfin, j'ai du fluide !... j'en ai tant besoin de fluide pour me faire aimer de cette jolie veuve que je rencontre tous les samedis chez les Briandon. (*Avec passion.*) Oh ! Juliette, m'aimerez-vous un jour ! Si j'avais assez de fluide pour lui suggérer l'idée de m'épouser... car je l'aime ! je l'aime ! je l'aime ! Vous ne vous figurez pas comme je l'aime ! je n'ose pas me déclarer, j'ai trop peur d'un refus, devant elle je suis nerveux, agité, tremblant... et je ne dis rien... ah si je ne l'aimais pas... ça ne serait pas difficile de lui dire que je l'aime... tous les jours on dit des... alors j'ai conçu l'idée de me faire aimer par l'hypnotisme ; car enfin qu'est-ce que c'est que l'amour ? un fluide, pas autre chose... un courant sympathique... et quand les deux courants se rencontrent... ça produit le mariage d'inclination... c'est rare je le sais bien... mais enfin les veaux à deux têtes, c'est rare aussi... mais ça se voit quelquefois.

BAPTISTE, *toujours les bras étendus, à part.*

Va-t-il me laisser longtemps comme ça... c'est fatigant.

HENRI.

Si vous la connaissiez la jolie madame Dancourt !

(Avec admiration.) Des yeux comme... un autre vous dirait deux portes cochères... c'est idiot... ça ne rend pas du tout... voyez-vous une femme avec deux portes cochères à la place d'yeux, ça serait très laid... non des yeux. (Indiquant de grands yeux avec sa main.) Comme ça... Un nez! oh un nez!... (Regardant le public.) Je n'en vois pas ici comme ça... une bouche!

BAPTISTE, à part.

Hé bien, s'il va la détailler... ça va être long.

HENRI, indiquant le fond de la salle.

Une bouche... dans le genre de celle de Mademoiselle là-bas... mais plus petite plus rouge, plus... (Geste avec la main.) Oui certainement elle est plus... comprenez-vous pourquoi je l'aime maintenant!... Je viens de mettre mon hôtel en location et de prendre un appartement vis-à-vis chez elle pour pouvoir lui envoyer à chaque instant du (Lançant du fluide.) Bzing, bzing... il faut qu'elle en soit imprégnée de mon bzing. (Regardant Baptiste qui a repris sa position de bouche ouverte et bras étendus.) Tiens cet imbécile que j'oubliais.. est-il vilain comme ça. (Haut.) Tu peux baisser les bras et fermer la bouche.

Il lui baisse les bras en les lui tapotant et soufflant dessus.

BAPTISTE, à part.

Ouf! il était temps.

HENRI, à part.

Je vais faire une autre expérience... je vais le bourrer de coups de pieds et de coups de poings en lui suggérant l'idée que c'est très agréable.

BAPTISTE, effrayé, à part.

Qu'est-ce qu'il dit? mais je ne veux pas.

HENRI, haut.

Je suis une jolie femme qui te caresse... attention. (Il lui donne un coup de poing.) Est-ce agréable?...

BAPTISTE, avec résignation.

Oui... très agréable.

HENRI, lui donnant un coup de pied au derrière.

Une autre caresse... vlan... qu'éprouves-tu?

BAPTISTE, même jeu se tenant la partie frappée.

Un grand bien-être!

HENRI.

C'est prodigieux, ma parole d'honneur. (Prenant un livre sur la table et lisant). « Vous pouvez enfoncer des épingles sous l'ongle du sujet en lui suggérant qu'il ne souffre pas il ne sentira rien » nous allons essayer les épingles.

BAPTISTE, à part effrayé.

Ah pour ça non!

On entend sonner.

HENRI.

Tiens on sonne? Est-ce que je vais être obligé d'aller ouvrir... Non, je vais le réveiller, c'est assez pour aujourd'hui. (Soufflant sur les yeux.) Réveillez-vous, je le veux, réveillez-vous.

BAPTISTE, ouvrant les yeux et simulant l'étonnement.

Qu'est-ce que c'est... Ah pourquoi m'avez-vous réveillé... J'étais si bien... c'était si agréable.

HENRI.

Nous reprendrons tout-à-l'heure. On sonne, va ouvrir.

BAPTISTE.

Vous doublez mes gages ?

HENRI.

Va ouvrir te dis-je, on s'impatiente. (Baptiste sort au fond. Avec enthousiasme.) Ah ! maintenant, si je pouvais me faire aimer de Juliette !

BAPTISTE, entrant au fond.

C'est une personne qui vient pour visiter l'hôtel.

HENRI.

Hé bien fais visiter et laisse-moi tranquille... voyons relisons mes auteurs.

Il s'installe près de la table.

BAPTISTE, à la porte.

Madame par ici... voilà le cabinet de Monsieur.

JULIETTE, regardant.

Ah ! jolie chambre.

HENRI, apercevant Juliette et se levant précipitamment.

Comment !... Vous ici, Madame... je...

JULIETTE, souriant et étonnée.

Monsieur Ratisbonne ! Cet hôtel est donc à vous, Monsieur ?

HENRI, très troublé.

Oui, Madame... mais je ne puis croire à un si grand bonheur, vous chez moi...

JULIETTE.

Je passais par hasard, j'ai vu un hôtel à louer et comme je déménage...

HENRI.

Vous déménagez! (A part.) Allons bon, moi qui viens de signer le bail vis-à-vis chez elle.

JULIETTE.

Oui, je préfère un hôtel. (Souriant.) Mais savez-vous, monsieur Henri, que le hasard fait quelquefois des choses bien compromettantes... si on m'avait vue sonner à votre porte, que dirait le monde...

HENRI.

Le monde, Madame, que m'importe le monde.

JULIETTE, riant d'un rire moqueur.

Oh! mais permettez, ce n'est pas pour votre réputation que j'ai peur... non, c'est pour la mienne.

HENRI.

Ah Madame pardonnez l'incohérence de mon langage... mais je suis si surpris... si heureux...

JULIETTE, à part.

Il a l'air sérieusement ému le pauvre garçon. (Haut, regardant l'appartement.) Vous savez c'est très gentil ici... et puisque votre hôtel est libre... je vais me décider à déménager.

HENRI, à part.

Comment elle va venir s'installer ici et je vais être obligé moi d'aller là-bas.

JULIETTE.

M'acceptez-vous comme locataire ?...

HENRI.

Comment donc, Madame, certainement... certainement... (Changeant de ton, d'un air dégagé.) Ah à propos j'ai oublié de vous parler d'une petite clause du bail...

JULIETTE, sérieux d'un air de méfiance.

Ah !... Voyons votre... post-scriptum.

HENRI.

Il est stipulé dans le bail que je me réserve une petite chambre dans l'hôtel... Oh une toute petite chambre.

JULIETTE.

Une chambre pour vous dans l'hôtel ?...

HENRI.

Oui... mais je le répète toute petite... et puis je ne suis pas gênant... je tiens si peu de place... je ne fais pas de bruit... jamais d'enfants...

JULIETTE, éclatant de rire.

Mais vous serez donc toujours un original fini !...

HENRI.

Moi ?... Pourquoi ?... je pensais que...

JULIETTE.

Vous pensiez que n'ayant ni enfants, ni chiens dans la maison... J'accepterais votre petite clause.

Elle rit.

BAPTISTE, riant aussi, très fort.

Ah, le fait est qu'elle est bien bonne... entre nous, Monsieur, c'est pas fort.

HENRI, d'un ton sévère.

Baptiste !

Baptiste se remet à épousseter avec rage.

JULIETTE.

Non, mon ami, votre petite clause vous la bifferez. (Faisant le mouvement de s'en aller.) Mais je vous dérange peut-être.

BAPTISTE.

Oh non, Madame, vous ne nous dérangez pas... nous faisions de l'hypnotisme... Monsieur était en train de doubler mes gages.

JULIETTE, à Henri.

De l'hypnotisme ?... Et obtenez-vous des résultats surprenants ?...

HENRI.

Pas encore, Madame, mais j'espère que plus tard...

JULIETTE, riant.

Il me semble que vous seriez mieux l'hypnotisé que l'hypnotiseur... impressionnable, nerveux...

HENRI.

Alors, vous ne croyez pas à mon pouvoir ?

JULIETTE.

Pas du tout.

HENRI.

Voulez-vous l'essayer ?

JULIETTE, gaiement.

Tiens... pourquoi pas ?... Vous ne réussirez pas... ma volonté est plus forte que la vôtre... mais je veux bien... essayons... ça va être amusant.

Henri fait signe à Baptiste de sortir.

BAPTISTE, sort en clignant de l'œil, à part.

Malin, Monsieur, très malin.

JULIETTE.

Vous comprenez que si je savais être endormie jamais je ne...

HENRI.

Nous allons voir... veuillez ôter vos gants, Madame. (A part.) Comme mon cœur bat. (Avec émotion.) Donnez-moi vos deux mains, je vous prie.

JULIETTE, avec une certaine crainte.

Ah il faut vous donner...

HENRI, de plus en plus ému.

Oui, Madame.

JULIETTE, se tenant debout devant Henri lui donne ses deux mains.

Mais vous tremblez comme la feuille. (Souriant.) Allons remettez-vous monsieur Ratisbonne... du courage.

HENRI.

Ne vous moquez pas de moi, Madame, si vous saviez...

JULIETTE, l'interrompant.

Je ne veux rien savoir... endormez-moi... si vous pouvez.

HENRI.

Regardez-moi, je vous prie.

JULIETTE, le regarde en face, Henri commence à chanceler et après quelques instants de lutte ferme les yeux, Juliette avec étonnement lui lâchant les mains.

Comment... c'est lui qui dort !... Ah mais c'est trop fort... je ne m'attendais pas... j'ai peur... (Avec crainte.) Monsieur, dormez-vous ?...

HENRI, bas.

Oui.

JULIETTE.

Mais qu'est-ce que je vais en faire maintenant ? (Allant vers la table.) Je vais sonner son domestique. (S'arrêtant brusquement au moment de mettre la main sur le timbre et réfléchissant, à part, bas.) Si avant je profitais de son sommeil pour savoir si réellement il m'aime. (Parlant avec timidité à Henri.) Êtes-vous bien ?

HENRI, soupirant.

Oh oui !

JULIETTE.

Faut-il vous réveiller ?

HENRI, vivement.

Non, non.

JULIETTE.

Que voyez-vous ?

HENRI, avec bonheur.

Elle.

JULIETTE, toujours avec crainte.

Qui ça... elle ?

HENRI.

Jul... non je ne veux pas dire... c'est mon secret.

JULIETTE.

Est-elle... brune ?...

HENRI.

Non.

JULIETTE.

Blonde ?...

HENRI.

Oui.

JULIETTE, à part, souriant.

Je m'en doutais... (Regardant partout si on ne l'écoute pas.) Jolie ?...

HENRI, avec feu.

Oh oui jolie! spirituelle! bonne! adorable!

JULIETTE, à part, vivement.

Mais c'est mon portrait qu'il fait là. (Haut.) Vous l'aimez donc bien ?

HENRI.

Plus que ma vie.

JULIETTE.

Et son nom ?...

HENRI.

Son nom ?... Non... je ne veux pas le dire.

JULIETTE, à part.

Il est discret c'est bien ça. (Haut, avec commandement.) Son nom... je le veux.

HENRI, avec effort.

Jul... Juliette.

JULIETTE, à part.

Je m'étais bien reconnue tout à l'heure. (Souriant.) Le portrait était si ressemblant. (Haut.) Vous voudriez l'épouser ?

HENRI.

C'est mon plus grand désir.

JULIETTE.

Pourquoi ne lui avez-vous jamais parlé de votre amour ?

HENRI.

Je n'ose pas devant elle... je l'aime trop.

JULIETTE, à part.

C'est gentil ce qu'il dit là... ah mais que c'est donc une jolie invention que l'hypnotisme ! (Changeant de ton.) Mais assez d'indiscrétion comme ça... il faut le réveiller... Oui, mais j'aime mieux n'être pas là au moment du réveil... après ce qu'il vient de m'avouer. (Le regardant tendrement.) Pauvre garçon... mais c'est que je crois que je l'aime moi aussi.

Baptiste entre au fond.

BAPTISTE.

Je venais dire à Monsieur. (Avec étonnement.) Comment... c'est Monsieur qui est endormi !

JULIETTE, bas.

Oui, Baptiste.

BAPTISTE.

Ah ! c'est un peu fort tout de même... c'est Monsieur qui... (Avec dédain levant les épaules.) Je savais bien que Monsieur n'avait pas assez de (Lançant du fluide.) bzing. (Avec admiration). Tandis que Madame... Oh! Madame! Certainement rien que dans le bout de son petit doigt, Madame a plus de bzing que Monsieur dans tout son...

JULIETTE, interrompant.

Bien... bien, Baptiste.

BAPTISTE, riant.

Ah! je peux bien le dire à Madame puisque Monsieur est censé dans un autre monde... hé bien quand Madame me regarde d'une certaine façon (Faisant des yeux en coulisse.) je me sens moi aussi tout (Frissonnant.) brrr... oui, je deviens moi aussi tout bête comme Monsieur.

JULIETTE, sévèrement.

Monsieur Baptiste, on ne vous demande pas vos impressions.

BAPTISTE, naïvement.

Ah! vous savez c'est le magnétisme... c'est le fluide... c'est plus fort que soi, malgré la distance qui me sépare de Madame... on fait (Frissonnant.) brrr... sans savoir pourquoi...

JULIETTE, sévèrement l'interrompant.

Enfin... c'est assez... Vous voyez votre maître dort, quand je serai partie vous lui soufflerez sur les yeux en lui disant très fort : « réveillez-vous, je le veux ».

BAPTISTE.

Oui Madame. (Juliette sort au fond en jetant un dernier coup d'œil à Henri et oublie son ombrelle sur la table, à part.) Est-il bien endormi ? C'est peut-être comme moi tout à l'heure. (Criant très haut dans l'oreille.) Monsieur dormez-vous ?

HENRI, tressaillant d'un air de mauvaise humeur.

Quelle est cette voix ?

BAPTISTE, prenant un air aimable.

C'est la voix de votre petit Baptiste.

HENRI, avec ennui.

Ah c'est cet animal de Baptiste.

BAPTISTE.

Bien obligé, Monsieur.

HENRI.

Pourquoi n'est-ce pas elle qui me parle encore ?

BAPTISTE, à part.

Mais ma parole d'honneur je crois qu'il dort réellement... Mais alors je peux faire à mon tour des expériences... et puisqu'au réveil on ne se souvient de rien (Haut parlant fort.) Monsieur... vous êtes Baptiste.

HENRI.

Moi ?...

BAPTISTE.

Oui, vous savez bien que vous êtes Baptiste... cet animal de Baptiste.

HENRI, se laissant convaincre.

Oui, c'est vrai.

BAPTISTE.

Est-ce assez prodigieux, hein ?... Il se croit Baptise. (Henri va s'asseoir dans un fauteuil en étendant ses jambes.) Hé bien, qu'est-ce que vous faites ?

HENRI.

Je me repose puisque je suis Baptiste et que Monsieur est sorti.

BAPTISTE.

Comme il connaît mes habitudes !... C'est effrayant comme il entre tout de suite dans la peau du personnage... Voyons, poursuivons mes expériences. (Prenant une voix de femme.) Monsieur Baptiste voulez-vous faire un petit bout de causette sur le palier de l'escalier.

HENRI, se levant.

Ah, c'est vous, mamselle Françoise!... mais oui, je veux bien.

BAPTISTE, au comble de l'étonnement.

Il a reconnu Françoise !... la cuisinière du *cintième*... une grosse... beau brin de fille.

HENRI, toujours les yeux fermés cherchant avec ses mains.

Où êtes-vous, Françoise?

BAPTISTE, toujours avec une voix de femme.

Me voilà. (A part.) Je ne sais pas si j'imite bien le son de sa voix.

HENRI, prenant Baptiste par la taille.

Oh, que vous êtes donc mignonne, mamselle Françoise!

BAPTISTE, à part.

Il a tous mes vices... c'est prodigieux.

HENRI, embrassant Baptiste sur le cou par derrière.

C'est comme si j'embrassais du velours.

BAPTISTE, se dégageant, avec une voix fluttée.

Mais laissez-moi donc, monsieur Baptiste, si on nous voyait.

HENRI.

Oh, y a pas de dangers, nos satanés bourgeois sont trop occupés ailleurs.

BAPTISTE, à part, ébahi.

Ma parole d'honneur, je crois que c'est moi qui parle. (Changeant de ton.) Ah, mais puisque je lui ai donné de l'agrément avec la cuisinière du *cintième*, il faut à présent qu'il me remplace à l'ouvrage. (Haut à Henri, criant.) Voilà Monsieur qui rentre... Sauvez-vous.

Henri se sauve et se met aussitôt à épousseter avec rage.

BAPTISTE, à part.

Ah, mais que ça va être commode maintenant... c'est lui qui fera le ménage. (Baptiste s'installe dans le fauteuil les jambes étendues.) Baptiste prenez les brosses et frottez. (A part.) Je n'ose pas le tutoyer encore.

HENRI.

Oui, Monsieur.

Il prend les brosses et frotte.

BAPTISTE, toujours étendu.

Plus fort que ça... faut que ça reluise. (Henri frotte plus fort.) Qu'éprouvez-vous ?

HENRI, semblant fatigué.

De la fatigue.

BAPTISTE.

Ce n'est pas vrai... vous éprouvez aussi vous un grand bien-être.

HENRI, réfléchissant et se laissant convaincre.

Oui, c'est vrai.

BAPTISTE.

Allons, que ça reluise... plus fort.

Henri frotte plus fort, à ce moment Juliette entre au fond.

JULIETTE.

Ah j'ai oublié mon ombrelle. (Apercevant Henri qui frotte toujours, étonnée.) Qu'est-ce que vous faites-là ?

BAPTISTE, se levant subitement, à part.

Ah! sapristi! (Haut.) Chut... plus bas... il dort toujours.

JULIETTE, vivement.

Comment vous ne l'avez pas réveillé comme je vous l'avais dit ?

BAPTISTE.

Madame... je n'ai pas pu... Monsieur dit qu'il est Baptiste et qu'il veut frotter avant son réveil.

JULIETTE, sévèrement.

Monsieur Baptiste prenez garde, je dirai tout à

votre maître quand il se réveillera. (A Henri.) Arrêtez-vous.

Henri qui avait continué à se remuer doucement s'arrête et reste debout endormi.

BAPTISTE, se jetant aux pieds de Juliette.

Non, Madame, vous ne ferez pas ça... Vous ne mettrez pas sur la paille un pauvre père de famille.

JULIETTE.

Vous êtes marié?

BAPTISTE.

Moi ? non... mais j'en suis capable... et alors une fois marié... enfin Madame ne me perdez pas.

JULIETTE.

Relevez-vous... Je serai peut-être discrète.

BAPTISTE, se traînant à genoux et embrassant le bas de la robe de Juliette sévèrement.

Ah combien Monsieur a raison d'être toqué de Madame!

JULIETTE, d'un ton sévère.

Que signifie?... Sortez... je vais réveiller votre maître moi-même.

BAPTISTE, se relevant.

Je sors, Madame. (A part.) C'est embêtant tout de même... un quart d'heure de plus et mon salon était ciré. (Bas à Henri en sortant.) Faut que ça reluise.

Henri à ce commandement se remet à frotter avec rage.

JULIETTE, vivement.

Mon ami... arrêtez-vous. (Henri s'arrête et retire les brosses de ses pieds) (avec dignité.) Vous n'êtes plus Baptiste... Vous êtes Monsieur Henri Ratisbonne.

HENRI, toujours les yeux fermés, reprenant son air habituel.

Mais oui je le sais bien (Emu.) Mais qui me parle ?... C'est elle.

JULIETTE.

Quand vous vous réveillerez. (Bas.) Ayez du courage... dites-lui franchement a... *elle* ce que vous avez dans le cœur. (Regardant si personne ne l'écoute.) Peut-être elle aussi vous aime-t-elle un peu.

HENRI, avec émotion.

Ne me faites pas voir le paradis si jamais je ne dois...

JULIETTE, avec insistance.

Je veux... qu'une fois réveillé vous n'ayez plus peur de lui parler.

HENRI.

Mais...

JULIETTE, avec autorité.

Je le veux.

HENRI.

Bien.

JULIETTE, lui souffle sur les yeux, haut.

Réveillez-vous... vous n'êtes plus endormi.

HENRI, ouvrant les yeux et cherchant à se reconnaître.

Où suis-je ?... Vous ici Madame... mais que s'est-il passé... (Après une hésitation et se décidant résolument.) Madame, je vous aime comme un fou... voulez-vous la main d'un honnête homme qui ne pense qu'à votre bonheur.

JULIETTE, émue, jouant la surprise.

Monsieur Henri... cette demande si imprévue... je m'attendais si peu...

HENRI, cherchant à reprendre sa raison.

Oh ! pardon Madame... je ne m'explique pas comment j'ai osé... mais je vous aime tant... allons bon voilà que je recommence.

JULIETTE.

Est-ce un amour sérieux ?

HENRI.

Ah! Madame, pouvez-vous en douter! (Avec feu.) Voulez-vous ma vie... voulez-vous...

JULIETTE, souriant.

Non... vous savez que j'étais venue pour visiter votre hôtel... hé bien il me convient et j'en prendrai possession... dans un mois.

HENRI, chancelant de bonheur.

Dans un mois!

JULIETTE, souriant.

Allons remettez-vous.

HENRI, très ému, essuyant une larme à la dérobée, souriant.

Oui, vous avez raison... encore une fois ne vous moquez pas de moi... mais dites que je ne rêve pas... dites-moi que c'est bien vous qui êtes ici chez moi... (Bas.) et bientôt chez vous.

JULIETTE, lui tendant les deux mains.

Non... vous ne rêvez pas, mon ami, vous êtes bien éveillé.

BAPTISTE, passant la tête par la porte de droite, les apercevant.

Tiens, ils sont encore à se magnétiser.

HENRI, tenant toujours les deux mains de Juliette et la regardant en face.

Je ne puis croire à tant de bonheur!

BAPTISTE, entrant avec précaution, à part.

Si j'essayais de mon pouvoir magnétique. (Lançant du fluide à Henri par derrière en disant bas bzing-bzing, criant très haut.) Qu'éprouvez-vous, Monsieur?

HENRI, se détourne vivement et regardant Juliette avec tendresse.

Un grand bien-être... imbécile!

Fin.

Imprimerie de l'Ouest, A. Nézan, Mayenne

www.ingramcontent.com/pod-product-compliance
Lightning Source LLC
LaVergne TN
LVHW012103170726
843501LV00008BB/2749

* 9 7 8 2 3 2 9 6 4 9 0 6 1 *